LE PRÊTRE JEAN.

LA LÉGENDE

DU

PRÈTRE JEAN.

TOULOUSE

A LA LIBRAIRIE CENTRALE,
RUE SAINT-ROME, 44.

—

1869.

LE PRÈTRE JEAN.

PRÉFACE.

La légende du Prêtre Jean a rempli le moyen âge, et partagé, avec celle du Juif-Errant, le privilége d'exciter la curiosité crédule du peuple. Le Juif-Errant est parvenu jusqu'à nous, le Prêtre Jean s'est arrêté au seizième siècle et a succombé sous les foudres de l'Eglise. Beaucoup de gens igno-

rent, aujourd'hui, ce qu'était réellement ce personnage mysté-
rieux, ce pape-roi, magnifique comme Salomon dans sa gloire,
qui s'imposa, avec tant d'intensité et d'obstination, à l'imagina-
tion exaltée des populations. Je pense qu'il est important de
fournir quelques détails, généralement ignorés, sur la genèse
de cette légende.

Du Cange dit que Prêtre Jean, et par corruption Prestre
Jehan, — ancien roi des Indes ou de la Tartarie, — était le
nom d'un puissant monarque, qui tirait son origine du nestorien
Joannes Presbyter, lequel, en 1145, tua Coharem Khan et
usurpa sa couronne.

Les Nestoriens doivent leur nom à Nestorius, hérésiarque
né à Germanicie, en Syrie, élevé au monastère de Saint-Euprépie
d'Antioche, et qui fût promu au siége patriarcal de Constanti-
nople, après Sisinnius, en 428. Il professa des erreurs qui
furent combattues par saint Cyrille d'Alexandrie. Le concile de
Rome, en 430, et le concile d'Ephése, en 431, le condamné-
rent, le déposèrent, et il alla mourir de misère dans la Thébaïde,
en 432.

Le Nestorianisme consiste à dire qu'il y a deux personnes en
Jésus-Christ; que le Verbe, fils de Dieu, ne s'est pas fait
homme en prenant de la Vierge la nature humaine, mais qu'il
est descendu sur l'homme né d'elle ; qu'elle a enfanté le
temple de Dieu et non celui qui habite dans le temple ;
qu'ainsi on ne devait pas appeler Marie « Mère de Dieu », — Theo-

tocos, — mais bien « Mère du Christ », — Christotocos. Les Nestoriens ajoutaient que le Christ était uni au Verbe, non pas d'une union hypostatique, mais d'une union morale et par l'habitation du Verbe dans l'homme comme dans un temple. Les Nestoriens, appelés aussi chaldéens ou chrétiens orientaux, se répandirent jusqu'aux extrémités de l'Asie et furent plusieurs fois réunis à l'Eglise romaine.

On lit dans Moréri que le Prêtre Jean était un roi nestorien de la Tartarie, que ses sujets l'appelaient d'un nom commun à tous les princes de sa race : « Juhanna », et que le dernier de ces princes fut soumis par Gengiskhan.

Scaliger prétend que le nom de Prêtre Jean dérive de deux mots persans, « Prete Chan, » qui signifient roi apostolique ou roi chrétien. D'autres avancent que « Prester » veut dire esclave et « Prester Ghan » roi des esclaves. Quelques-uns en font remonter l'étymologie aux mots persans « Preschteh Gehan, » c'est-à-dire « l'Ange du monde ». Plusieurs auteurs pensent que sur les confins de la Tartarie, de l'Inde et de la Chine il y a eu des princes nestoriens qui étaient appelés « Uncha » et leurs peuples « Joüan » et que l'on donna le nom de Prêtre Jean à ces princes, parcequ'ils faisaient porter une croix devant eux, comme font les évêques. Certains historiens identifiaient le Prestre Jehan avec le Dalaï-Lama, grand pontife des Mongols et des Kalmoucks, et Marco-Polo fixait sa résidence entre la Chine et les royaumes de Sifan et du Thibet.

Ceux qui se sont imaginé que le Prête Jean était l'empereur des Abyssins insinuent que ces peuples appellent leur roi « Belul Gian » et que Belul serait synonime de « précieux, » d'où Preciosus Johannes, en latin, et Prête Jean, en français.

Tout bien considéré, il est à peu près certain que l'origine de la légende fut une race de princes tatars : les Ouang-Khans ou Vang-Khans, qui, — suivant les récits d'écrivains syriens et arabes, convertis au christianisme, vers le commencement du onzième siècle, par des missionnaires syriens nestoriens, — formèrent, jusqu'au treizième siècle, une dynastie chrétienne dans l'est de la haute Asie.

C'est vers le milieu du douzième siècle qu'on reçut, en Europe, la première nouvelle de l'existence de ce souverain chrétien, auquel on donna le nom de Prête Jean ou Prestre Jehan.

Le moyen-âge, affolé de merveilleux, accueillit avec avidité tous les renseignements relatifs à ce personnage et la légende se fixa.

Au quinzième siècle, cette légende, qui s'était un peu affaiblie, reprit une vogue nouvelle, par suite des voyages de découverte entrepris à cette époque, seulement on transféra dans l'Inde la résidence prétendue de ce souverain. Les Portugais provoquèrent d'actives démarches à cet égard. Une ambassade de l'état nègre de Benin leur apprit, vers 1484, qu'à vingt mois de marche derrière ce royaume régnait un puissant roi chrétien appelé Ogané. Une expédition partit, en 1486, aux ordres de Bartolommeo Diaz, pour explorer la côte occidentale de l'Afrique, en même temps qu'une autre expédition, commandée par Pero de Covilha, cherchait à pénétrer d'Egypte vers la côte orientale, à l'effet de s'assurer s'il y existait réellement un royaume du Prestre João, et s'il était en rapport avec celui de l'Inde. Covilha rencontra effectivement, dans l'Habesch, un état chrétien, et de la sorte la légende parut enfin justifiée.

Depuis cette époque, jusqu'à la fin du dix-septième siècle, l'Abyssinie fut désignée sous le nom de royaume du Prêtre Jean, *regnum Presbyteri Johannis*, mais les voyages des savants qui ont parcouru l'Afrique et l'Asie ont prouvé que le Prêtre Jean n'était qu'un nom sans réalité, et que jamais monarque de ce nom n'a existé.

Ce fut vers la fin du quinzième siècle, au moment d'exaltation générale où les navigateurs remplissaient l'Europe des récits merveileux de leurs explorations, des richesses, des mœurs, de la flore et de la faune des pays d'au-delà des mers, que parut la lettre du Prestre Jehan, que nous reproduisons aujourd'hui.

Cette lettre, évidemment apocryphe, obtint un succès colossal et éveilla un désir véhément et universel d'émigration vers ces pays fabuleux et féeriques.

L'Eglise s'émut de ce mouvement, condamna la lettre et en

fit rechercher les exemplaires pour les détruire. Il en est peu qui échappèrent à ses recherches et les rares spécimens qui survécurent ont atteint des prix exorbitants aux ventes. Le dernier, qui n'a que deux feuilles imprimées en gothique-romain, s'est élevé à 6,200 francs.

L'édition de 1505, la plus récente, est considérée comme la meilleure. C'est celle que nous réimprimons en n'en modifiant l'orthographe que dans la mesure strictement nécessaire pour en faciliter la lecture.

Le Vernet, 1er mars 1869.

LE PRESTRE JEHAN

LETTRE

DU

PRESTRE JEHAN.

———

Mestre Jehan par la grace de Dieu roy tout puissant sur tous les roys chrestiens, mandons salut à l'empereur de Rome et au roy de France nos amys. Nous vous faisons scavoir de nous et de nostre estat et du gouvernement de nostre terre. C'est à scavoir de nos gens et de nos manières de bestes. Et pour ce que vous dictes que nos Grecs ou gens grégoises ne s'accordent à adorer Dieu comme vous faictes en vostre terre, nous vous faisons scavoir que nous adorons et croyons le Père, le Fils et le Saint-Esprit, qui sont troys personnes en une déité et un vray Dieu seulement et vous certifions et mandons, par nos lettres scellées de nostre scel, de l'estat et manieres de nostre terre et de nos gens. Et si rien voulez que faire puyssons, mandez le nous. Car nous le ferons de très bon cœur. Et si vous voulez venir par de ça en nostre terre, pour le bien que nous avons oui dire de vous nous vous ferons seigneur après nous et vous donnerons grande terre et seigneurie et habitations.

Item, sachez que nous avons la plus haulte couronne qui soyt en tout le monde, ainsi comme d'or et d'argent et pierres précieuses, et de bonnes fermetés de villes, cistés, chasteaux et de bourgs.

Item, sachez que nous avons aussi en nostre puyssance quarante deux Roys tout puissants et bons chrestiens.

Item, sachez que nous soustenons de nos aumones tous les pauvres qui sont en nostre terre, soyent privés ou estrangiers, pour l'amour et l'honneur de Jésus-Christ.

Item, sachez que nous avons promis et juré en nostre bonne foy à conquerre le sépulcre de Nostre-Seigneur et toute la terre de promission. Et si vous voulez nous l'aurons, si Dieu plaist, mais que vous ayez grande et bonne hardiesse en vous ainsi comme il nous a été rapporté de bon courage vrai et loyal. Mais entre vous autres Françoys avez de votre lignage et de vos gens qui sont avec les Sarrasins, lesquels vous avez fiance et cuidez qu'ils vous aident et doivent aider et ils sont faux et traitres hospitaliers. Et sachez que nous les avons traynés et destruits ceulx qui estoient en nostre terre, car ainsy le doit-on faire de ceux qui vont contre la foy.

Item, sachez que nostre terre est divisée en quatre parties car ils y sont les Yndes. Et en la Mageur Ynde gist le corps de saint Thomas, l'apostre pour lequel Nostre-Seigneur Jésus-Christ fait plus de miracles que pour saincts qui soyent en Paradis. Et ycelle Ynde est en la partie d'Orient: car elle est près à Babylone la déserte, et aussy elle est près d'une tour qu'on appelle Babel en l'autre partie devers Septentrion, et y est grant abondance de pain, de vin, de chairs et de toutes choses qui sont bonnes à soutenir le corps humain.

Item, en nostre terre sont les olifans et une autre manière de bestes que l'on appelle dormadéres. Et chevaulx blancs et bœufs sauvasges qui ont sept cornes. Et ours blancs et lyons moult estranges de quatre manières c'est à scavoir rouges, verts, noirs et blancs. Et asnes sauvasges, qui ont deux petites cornes, et lièvres sauvasges qui sont grands comme un mouton, et chevaux verts qui courent plus que mille autres bestes et ont deux petites cornes.

Item, sachez que nous avons des oiseaulx qui s'apelent les

griffons et portent bien ung bœuf ou un cheval en leur nid pour donner à manger à leurs petits oiseaulx.

Item, sachez que nous avons une autre manière de oiseaulx, lesquels ont seignourie sur tous les autres oyseaulx du monde. Et ont couleur de feu et leurs ailes sont tranchantes comme un raisoir. Et sont appelés yllerlons et en tout le monde n'en a fors que deux, et vivent l'espace de soixante ans; et puys s'en vont nayer en la mer. Toutefoys ils couvent premiers, et couvent deux ou trois œufs lesquels ils couvent l'espace de quarante jours et puis esclosent et deviennent petits oyseaulx. Et adoncques les graves, c'est à scavoir père et mère, s'en partent et s'en vont nayer en la mer comme dit est, et tous oyseaulx qui adoncques les encontrent leur font compagnie jusques à la mer et ne se partent point d'eux jusques à tant qu'ils soyent nayés. Et quand ils sont nayés ils retournent et viennent aux petits oyseaulx et les nourrissent jusques à qu'ils soient graves et qu'ils puyssent voler et leur vie pour chasser.

Item, sachez que par deça sont aultres oyseaulx qui sont apelés tigres, et sont de si grande force et vertu qu'ils emportent bien ung homme tout armé et son cheval et le tuent.

Item, sachez que une partie de nostre terre, dedans le désert, a une manière d'hommes qui sont cornus, lesquels n'ont qu'ung œil devant et troys ou quatre derrière. Et y a des femmes qui sont pareilles aux hommes.

Item, en nostre terre y a une autre manière de gens qui ne

vivent que de chair crue d'hommes, de femmes et de bestes et ne doubtent point à mourir. Et quant l'ung d'eux est mort, soit le père ou la mère, ils les mangent tous crus et disent que bonne chose naturelle est de manger chair humaine. Et font ce en rémission de leurs péchés. Et celles gens sont maudits de Dieu et sont appellés Got et Magot, et est plus de nations de celles gens que de toutes aultres gens, lesquels s'espandront par toute la terre en la venue de l'Antechrist. Car ils seront de son alliance et de sa compaignie. Et celles gens sont ceulx qui enclouèrent le roy Alexandre en Macédoine et le mirent en prison et leur eschappa. Toutesfoys Dieu leur envoyra du ciel fouldre et feu ardant qui tous les ardra et confoundra et l'Antechrist aussi et par telles manières seront destruits et gastés. Toutesfoys nous en menons bien avecques nous de ces gens en la guerre, quant nous y voulons aller, et leur donnons licence et congé de manger nos ennemys si que de mille n'en demeure ung qui ne soyt dévouré et gasté. Et puis les faysons retourner en leur terre. Car s'ils demouraient longuement avec nous ils nous mangeroient tous.

Item, nous avons une aultre manière de gens en nostre terre qui ont les piés ronds comme un cheval et aux talons derrière ont quatre coustes fortes et tranchantes, de quoy ils combattent tellement que nulles armeures ne leur peuvent durer. Et si bons chrestiens et labourent volontiers leur terre et les nostres et nous donnent grans truages chacun an.

Item, nous avons, en une autre party du désert, une terre qui dure quarante et deux jours de long et est appelée Feminie la grande, et ne cuidez pas que ce soit en terre sarrasine car celle que nous disons est en nostre terre. Et en ycelle terre sont troys roynes, sans les autres dames qui tiennent leurs terres d'elles. Et quant ycelles troys roynes veulent aller en bataille, chascune d'elles mène avec soy cent mille femmes en armes sans les autres qui meynent les chars, les chevaulx et les olifans, qui portent les armes et les viandes. Et sachez qu'elles se combattent fort comme si elles fussent des hommes. Et sachez que nul homme masle ne demeure avecque elles, fors que neuf jours, lesquels durant il se peut déporter et solacier avecques elles et engendrer, et non plus, car aultrement il seroyt mort.

Item, celle terre est environnée du fleuve qui vient du paradis terrestre et est appelé Gyon et est si grand que nul ne le peut passer sinon en grandes barques.

Item, sachez que entre celle terre a une autre rivière qu'on apele Pyconie, qui est si petite qu'elle ne dure que dix journées de long et sept de large. Et les gens sont aussi petits qu'ung enfant de sept ans et leurs chevaulx petits comme un mouton. Et sont bons chrestiens et labourent volontiers. Et nulle personne ne leur fait guerre fors que les oiseaulx qui viennent chascun an, quant ils doivent cueillir leurs blés et leurs vendanges. Et adonques le roy de cette terre l'arme de de tout son pouvoir contre les dits oiseaulx et font grande tuerye les ungs contre les aultres, et puis les oiseaulx s'en retournent.

Item, sachez que en nostre terre sont les sagittaires, qui sont depuys la ceinture en amont en forme d'homme et de contrebas en forme de cheval. Et portent en leurs mains arcs et fleyches et trayent plus fort que nulle autre manière de gens et mangent chair crue et les prennent aucuns de nostre court et les tiennent enchaynés, et les gens y viennent les voir par grand merveille.

Item, sachez que en nostre terre sont les licornes, qui ont en leur front une corne tant seulement et y en a de trois manières de vertes, de noires et aussy de blanches et occisent le lyon aucunes foys. Mais le lyon les occit moult subtilement, car quant la licorne est lassée, elle se mest de coste ung arbre, et le lyon va entour et la licorne le cuide frapper de sa corne et elle frappe l'arbre de si grand vertu que puys ne la peut oster, adonc le lyon la tue.

Item, sachez que en l'autre partie du désert sont les gens qui souloyent avoir soixante coudées de hault et maintenant n'en ont que vingt et ne peuvent yssir du désert car à Dieu ne plays mye. Car s'ils estoyent dehors ils pourroyent bien combattre à tout le monde.

Item, sachez que en nostre terre y a un oyseaulx appelé Fénix et est le plus beau oyseaulx du monde. Mais en tout le monde n'en a que ung lequel vit cent ans et s'en monte vers le ciel, sy près du souleil tant que le feu se prend à ses helles et puys descent en son nid et se ard. Et de ses cendres se congrue un ver et puys retourne un oyseaulx en la fin de cent jours aussy beau que devant estoit.

Item, en nostre terre y a abondance de pain, de vin, de chairs et de toutes choses qui sont bonnes à soustenir corps humain.

Item, sachez que en une partie de nostre terre ne peut entrer nulle beste qui de sa nature porte venin.

Item, sachez que entre nous et les Sarrasins court une rivière que l'on appelle Ydonis et vient du paradis terrestre, et est toute pleine de pierres précieuses et court par nostre terre en maintes parties de petites rivières et grandes et là, treuve-lon moult de pierres précieuses c'est à scavoir : esmeraudes, safirs, jaspys, cassydoynes, robins, scarboucles, scobasses, et plusieurs aultres pierres précieuses que je n'ai pas nommées et de chascunes savons le nom et la vertu.

Item, sachez que en nostre terre a une herbe appelée permanable, et qui en porte sur soy il peut enchanter le Dyable et lui demander qui il est et où il va, qu'il fait par terre et le peut faire parler, et pour le Dyable n'ose estre en nostre terre.

Item, sachez que en nostre terre croist le poyvre, lequel n'est jamais semé et croyst entre les arbres et les serpents et quant il est meur nous mandons nos hommes pour le cuyllir et y mettre le feu dedans le bois et tout se ard. Et quant le feu est passé ils sont grands morceaux de poyvre et de serpents et le boute-ton avec, et puis le porte-ton a l'ostel, et le lave-ton en deux ou en trois eaux, et puys on le fait sécher au soleil et en ycelle maniere devient noir, bon et fort.

Item, sachez que de couste celle partie a une fontaine, que qui en peut boire de l'eau troys foys à jeun il n'aura maladie de trente ans, et quant il en aura beu il lui sera advis quil ait mangé toutes les meilleures viandes et espices du monde et est toute pleine de la grace du Saint Esperit et qui se peut baigner dans la fontaine, s'il est en l'age de cent ans ou de mille, il retourne en l'age de trente et deux ans, et sachez que nous fumes né et sanctifié au ventre de nostre mère et sy avons passé cinq cens soixante et deux ans. Et nous sommes baignés dedans la fontaine six foys.

Item, sachez que en nostre terre naist la mer Darayne et court moult fort et fait ondes terribles, et nul homme ne la peut passer fors que nous pour rien qu'on fasse et nous faysons porter à nos griffons ainsy comme fist Alexandre quant il alla conquerre le chateau enchanté.

Item, de couste celle mer passe ung fleuve et en yceluy trouve-ton moult de pierres précieuses et maintes bonnes herbes qui sont bonnes en toutes médecines.

Item, sachez que entre nous et les Juifs passe une rivière,

qui est pleine de pierres précieuses et court tant fort que nulle personne ne la peut passer, excepté le samedy, quelle repose et tout ce qu'elle trouve elle emporte en la mer Darayne. Et ycelluy pas nous fault garder car nous avons en ycelle frontière quarante et deux chateaux, plus beaux et plus forts qui soyent au monde, et avons gens qui les gardent c'est à scavoir dix mille chevaliers et six mille arbalestriers et quinze mille archiers et quarante mille Ferians à cheval en armes, qui gardent les passages devant dits. Et pourtant si le roi d'Israel venoit avec sa compaignye ne puysse passer avecque ses Juifs, lesquels sont plus bien deux foys que des Chrestiens et de Sarrasins. Car ils tiennent les deux parties du monde. Et sachez que le grant roy d'Israel a en soy trois cents roys et quatre mille princes, que ducs, que comtes, tous Juifs, qui tous à lui obéissent.

Item, sachez que si les Juifs pouvoient passer ycelluy par tout seroient morts chrétiens et sarrasins.

Item, sachez que nous layssons passer, chacun samedy, huyt cens ou mille Juifs pour marchander, mais ils n'entrent point dedans nos fermetes mais marchandent dehors, de la double que nous avons d'eulx et ne marchandent fors que en placques d'or et d'argent, car ils n'ont point d'autre monnoye. Et quant ils ont fait leur marchandise il s'en retournent en leur pays.

Item, sachez que nous avons quarante et deux chateaulx

qui sont près l'ung de l'autre d'ung traict d'arbalestre et non plus.

Item, sachez que nous avons, à une lieue près de là, une cité qui s'appelle Orionde la grand, la plus belle et la plus forte qui soit au monde, et ung de nos roys la garde, lequel reçoit du grant roy d'Israel le tribut, car il nous doit chacun en deux cens chevaulx chargés d'or et d'argent et de pierres précieuses. Et outre la despence qui se fait en celle cité et est dessus dits chateaulx.

Item, sachez que quant nous leurs faysons guerre nous les occisons trestous ceulx qui sont en nostre terre et pour ce ne se soient mouvoir ne faire guerre. Et sachez que les Juifves sont les plus belles femmes du monde et les plus chaudes. Et sachez que près d'ycelluy fleuve qui est Darayane et vient de la mer Areneuse et nul homme ne peut la passer. Et non pourtant quant le vent fiert dessoules adoncques s'espand par la terre. Et adoncques la peut-on bien passer, mais que l'on se haste de retourner car se on ne faisoyt on demourcroyt dedans la mer. Et toute la ruyne qui s'en peut retourner se convertist en pierres précieuses et ils ne peuvent vendre jusques à tant que nous les ayons veues. Et se nous les voulons avoir nous les pouvons prendre à l'estime de nos marchands.

Item, en une partie de nostre terre a une montaigne en laquelle nul ne peut habiter pour la grand chaleur qui y est, et illec se nourrissent aucuns vers qui ne peuvent vivre sans feu.

Et auprès de cette montaigne nous tenons toujours quarante mille personnes qui font illec grand feu. Car quant y ceux vers sentent la chaleur du feu ils yssent de la terre et entrent au feu et illec font ung poil tel comme font les vers qui font la soye, et de celluy poil faisons nos robes et celles à nos femmes que nous vestons aux festes annuelles. Et quant nous les voulons laver, nous les mettons au feu et lors se retournent belles et fresches.

Item, sachez que nul roy chrestien n'a tant de richesses comme nous avons pource que nul homme ne peut estre povre en notre terre qui vueille gaigner.

Item, sachez que saint Thomas fait plus de miracles que saint qui soyt en paradis. Car il presche une foys l'an corporellement en son église à toutes gens, et presche en ung palais que vous orrez.

Item, sachez que en une autre partie de nostre terre y a des gens d'estrange façon c'est à scavoir qui ont corps d'homme et la tête de chien et ne peuton entendre leur langage et sont bons pescheurs car ils entrent au plus parfons de la mer, et sont ung jour sans yssir de dehors, et prennent de tels poyssons qu'ils veulent et viennent tous chargés en leurs maisons qui sont soubs terre. Et nous espyons où ils le mettent et en prenons tout ce que nous voulons. Et sachez que ycelles gens font assez de maulx à nos bestes saulvaiges, car ils les mangent et se combattent contre les archiers et font souvent de belles batailles.

Item, en nostre terre a une manière d'oyseaulx qui sont de plus chaude nature que les autres. Car quand ils veulent pondre ils pondent au fons de la mer et font xxi oeufs et deviennent oyseaulx et puys s'envollent, et nous en prenons plusieurs, car ils sont bons à manger tant comme ils sont jeunes, et se nature estoyt faillye à l'homme ou à la femme et s'ils mangeoyent de ses oyseaulx tantost leur nature leur retourneroyt et seroyent aussy forts ou plus que devant.

Item, en nostre terre est l'arbre de vie, duquel vient le cresme, et ycelluy arbre est tout sec et ung serpent le garde et veille tout l'an, le jour et la nuyt, fors que le jour de la Saint Jehan qui se dort jour et nuyt. Et adonques nous allons à l'arbre et en tout l'an n'en vient que trois livres, lesquelles viennent goucte à goucte, et quant nous sommes auprès de celluy cresme nous le prenons et puis nous en retournons tout bellement de peur que le serpent vienne. Et ycelluy arbre est près de paradis terrestre d'une journée. Et quant ledit serpent est esveillé il se courrouce et crye tant fort qu'on l'entend d'une journée. Il est deux fois plus grand que ung cheval et a neuf testes et deux helles et quand nous avons passé la mer il s'en retourne et nous portons le cresme au patriarche de Saint Thomas, et ycelluy le sacre, de quoi nous sommes chrestiens. Et le demeurant nous l'envoyons au patriarche de

Jérusalem et celluy l'envoye au pape de Rome, lequel le sacre et multiplye par huyle d'olive et puis l'envoye par les chrestiens de la mer.

Item, en nostre terre n'a nuls larrons privés ne estranges, car Dieu et saint Thomas les confondroyent et les ferions mourir de mort, et sachez que nous avons chevaulx verts qui portent un long chevalier tout armé trois ou quatre jours sans manger.

Item, quand nous allons en bataille nous faysons porter devant nous, par quatorze rangs aournés d'or et d'argent, quatorze confarons aournés de diverses pierres précieuses. Et autres roys qui viennent à pié qui portent banières de sandal richement aournés.

Item, sachez que devant nous sont armés quarante mille clercs et autant de chevaliers et deux cens mille hommes de pié, sans les charrettes qui portent les viandes et sans les olifans et les chameaulx qui portent les armeures.

Item, quant nous alons en bataille nous commandons nostre terre au patriarche de saint Thomas.

Item, sachez que quand nous chevauchons simplement nous faysons porter une croix de bois, tout seulement devant nous, pour ce que nous ayons en ressemblance de Notre Seigneur Jésus Christ.

Item, à l'entrée de nos cités sont trois croix de bois afin que les gens adorent la Sainte Croix.

Item, quant nous chevauchons simplement nous faysons porter un bassin d'or plein de terre, en signe que nous sommes tous venus de terre et qu'il nous faut en terre retourner. Et faisons porter ung autre bassin tout plein d'or, en démontrant que nous sommes le plus puyssant roy et le plus digne de tout le monde.

Item, sachez que nulle personne n'ose faire le peché de luxure en nostre terre, car incontinent ils seroyent ors. Et pour ce establit Dieu mariage.

Item, sachez que nulle personne n'ose mentir en nostre terre car il seroit mort et pendu.

Item, sachez que nous visitons chacun le corps de saint Daniel le prophète qui est au désert, et menons avec nous dix mille clercs et autant de chevaliers et deux cent chasteaulx bastis sur des olifans, qui portent un chasteau pour garder des dragons qui ont sept testes, sur chacun d'eulx, et sachez que en ce désert y a les meilleures dattes qui pendent es arbres et sont bonnes vertes et meures hyver et esté. Et de la fin du désert quatre vints et soixante journées et illec sont les deux patriarches de saint Thomas qui seent à table devant nous, parce qu'ils ont le pouvoir du pape de Rome et avons autant d'abbés comme y a de jours en l'an par deux foys et quinze plus et chacun vient chanter une foys l'an en l'autel de saint Thomas et nous y chantons les festes annuaulx. Et pour ce sommes appelés Prestre Jehan.

Car nous sommes prestres selon le sacrifice de l'autel et roy selon la justice et droicture. Et sachez que je fus sanctifié avant que je fusse né. Car Dieu envoya à mon père ung ange le quel l'un dist qu'il fist ung palais qui seroit de la grace de Dieu et chambre de paradis pour tout enfant qui est à venir. Car il sera le plus grand roy terrien de tout le monde et vivra longtemps. Et qui sera au palais n'aura faim, ne soif, ne pourra mourir et quand mon père se esveilla de son dormir il eut grande joye et commença le palais tel comme vous oirez, premierement les paroys sont de cristal et la couverture de dessus est de pierre précieuse et par dedans est aourné d'éstoilles en semblance de celles des cieulx et le pavement est de cristal et au dit palais ne trouverez fenestre ne porte. Et dedans le palais a vingt et quatre piliers d'or et de pierres précieuses de toutes manières. Et illec tenons nostre corps en festes annuelles et saint Thomas presche aux gens au milieu du palais. Et dedans nostre palais y a les cuves et le meilleur vin du monde et qui en boit ne désire des biens temporels ni ne scet où elle va ne d'ou elle vient.

Item, une autre grand merveille y a en nostre palais c'est à scavoir que nul mangera ni est appareille fors que une escuelle, un gril et ung tailloir qui sont pendus à ung pilier. Et quant nous sommes à table et nous désirons avoir viandes elles nous sont appareillées par la grace du Saint-Esprit. Et sachez que tous clercs qui sont au monde ne sauroient dire ne retraire les biens qui sont en nostre palais et en nostre chapelle.

Et sachez que tout ce que nous vous avons escript est vray comme Dieu est. Et ne mentirons pour rien, car Dieu et saint Thomas nos confondroient et perdrions nos dignités. Se vous voulez de nous quelque chose que nous puyssions, mandez le nous, car nous le ferons de très bon cœuer. Et vous prions qu'il vous soyt en remembrance du saint passaige et que ce soyt prochaisnement et ayez bon cœuer et grand hardiesse en vous et soyez remembrance de mettre à mort ces faulx templiers et payens et vous prions que vous nous envoyez response par le porteur de ces présentes. Et prions au roy de France qu'il nous salue tous les feaulx chrestiens de dela la mer et qu'il nous envoye aucun vaillant chevalier qui soyt de la bonne génération de France. En priant Nostre Seigneur qu'il vous donne perseverer en la grâce du Saint Esprit. *Amen*.

Donné en nostre saint palais l'an de nostre nativité cinq cens et sept.

Cy finist le Prestre Jehan. *Laus Deo*.

Typographie Rives et Fayel.